școală - mokykla	2
călătorie - kelionė	5
transport - transportas	8
oraș - miestas	10
peisaj - kraštovaizdis	14
restaurant - restoranas	17
supermarket - prekybos centras	20
băuturi - gėrimai	22
mâncare - maistas	23
gospodărie țărănească - ūkininko ūkis	27
casă - namas	31
cameră de zi - svetainė	33
bucătărie - virtuvė	35
baie - vonios kambarys	38
camera copiilor - vaiko kambarys	42
îmbrăcăminte - drabužis	44
birou - biuras	49
economie - ekonomika	51
ocupații - profesijos	53
instrumente - įrankiai	56
instrumente muzicale - muzikos instrumentai	57
grădină zoologică - zoologijos sodas	59
sport - sportas	62
activități - užsiėmimai	63
familie - šeima	67
corp - kūnas	68
spital - ligoninė	72
urgență - nelaimingas atsitikimas	76
pământ - Žemė	77
ceas - laikrodis	79
săptămână - savaitė	80
an - metai	81
forme - formos	83
culori - spalvos	84
antonime - priešingos reikšmės žodžiai	85
cifre skaičiai	88
limbi - kalbos	90
cine/ce/cum - kas / ką / kaip	91
unde - kur	92

Impressum
Verlag: BABADADA GmbH, Nedderfeld 112 , 22529 Hamburg
Geschäftsführer / Verlagsleitung: Harald Hof
Druck: Books on Demand GmbH, In de Tarpen 42, 22848 Norderstedt

Imprint
Publisher: BABADADA GmbH, Nedderfeld 112 , 22529 Hamburg, Germany
Managing Director / Publishing direction: Harald Hof
Print: Books on Demand GmbH, In de Tarpen 42, 22848 Norderstedt, Germany

şcoală

mokykla

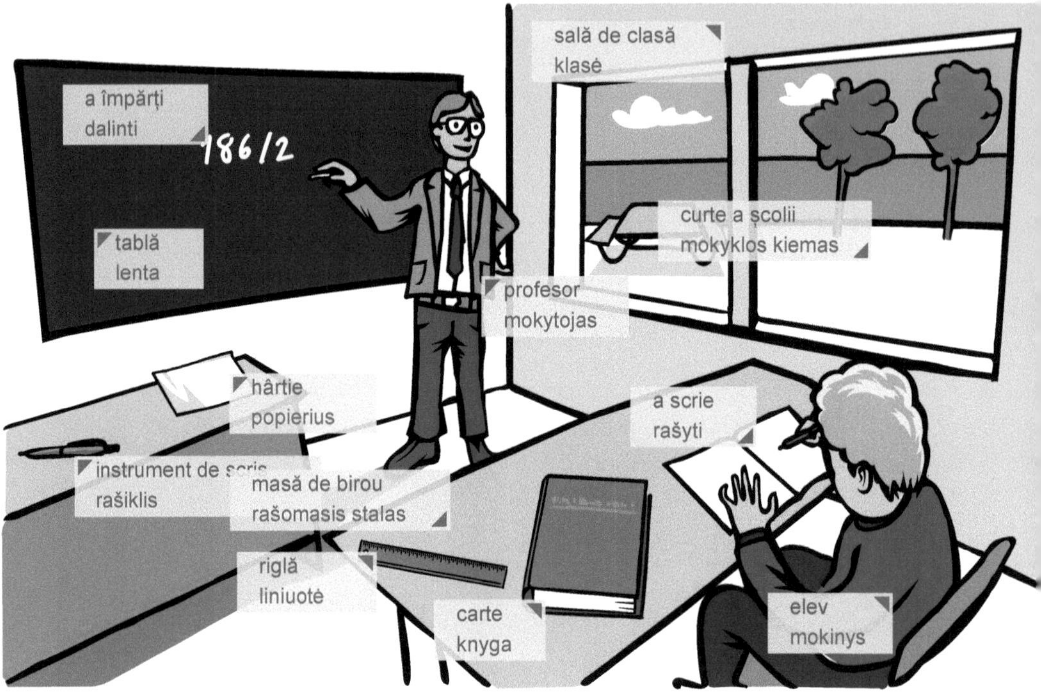

sală de clasă
klasė
a împărţi
dalinti
186/2
tablă
lenta
curte a şcolii
mokyklos kiemas
profesor
mokytojas
hârtie
popierius
a scrie
rašyti
instrument de s
rašiklis
masă de birou
rašomasis stalas
riglă
liniuotė
carte
knyga
elev
mokinys

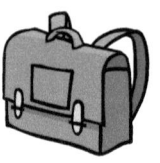

ghiozdan

kuprinė

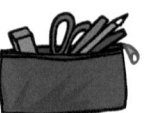

penar

penalas

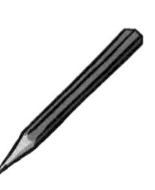

creion

pieštukas

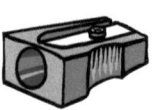

ascuţitoare

drožtukas

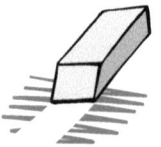

radieră

trintukas

bloc de desen

piešimo bloknotas

desen

piešinys

pensulă

teptukas

cutie de acuarele

dažų dėžutė

foarfece

žirklės

lipici

klijai

caiet de exerciții

vadovėlis

temă

namų darbai

număr

numeris

2+2

a aduna

pridėti

a scădea

atimti

a multiplica

dauginti

a calcula

skaičiuoti

literă

raidė

alfabet

abėcėlė

cuvânt

žodis

text

tekstas

a citi

skaityti

cretă

kreida

oră

pamoka

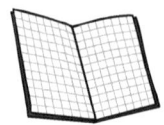

catalog

dienynas

examen

egzaminas

certificat

pažymėjimas

uniformă școlară

mokyklinė uniforma

educație

išsilavinimas

enciclopedie

enciklopedija

universitate

universitetas

microscop

mikroskopas

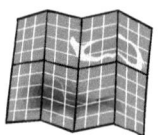

hartă

žemėlapis

coș de gunoi

šiukšliadėžė

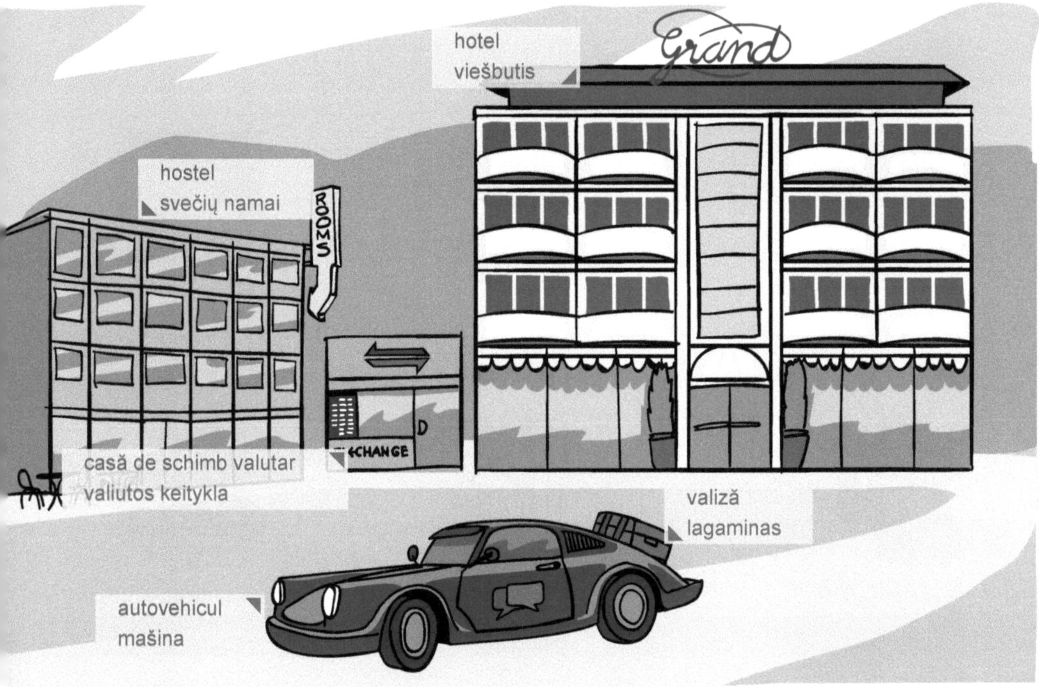

hotel
viešbutis
Grand
hostel
svečių namai
ROOMS
casă de schimb valutar
valiutos keitykla
EXCHANGE
valiză
lagaminas
autovehicul
mašina

limbă

kalba

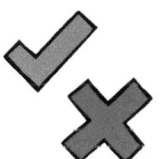

da/nu

taip / ne

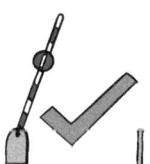

okay

Gerai

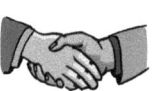

Bună!

sveiki

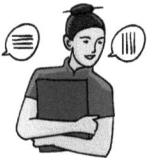

interpret

vertėjas raštu

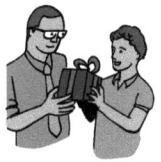

mulțumesc

Ačiū

Cât costă...?

kiek kainuoja...?

Nu înțeleg

aš nesuprantu

problemă

problema

Bună seara!

Labas vakaras!

Bună dimineața!

Labas rytas!

Noapte bună!

Labos nakties!

la revedere

viso gero

direcție

kryptis

bagaj

bagažas

geantă

krepšys

rucsac

kuprinė

oaspete

svečias

cameră

kambarys

sac de dormit

miegmaišis

cort

palapinė

punct de informare turistică

turizmo informacija

plajă

paplūdimys

carte de credit

kreditinė kortelė

mic dejun

pusryčiai

masa de prânz

pietūs

cină

vakarienė

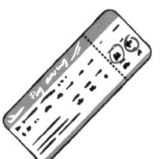

bilet de călătorie

bilietas

lift

liftas

timbru poştal

pašto ženklas

graniţă

siena

vamă

muitinė

ambasadă

ambasada

viză

viza

paşaport

pasas

transport
transportas

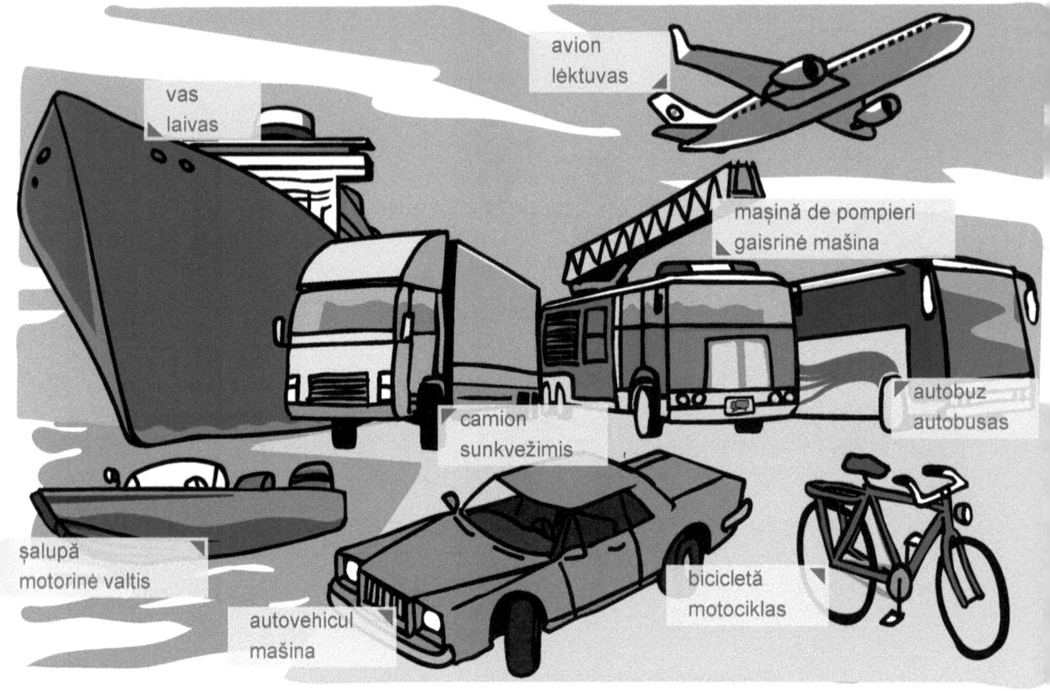

avion
lėktuvas
vas
laivas
mașină de pompieri
gaisrinė mašina
autobuz
autobusas
camion
sunkvežimis
șalupă
motorinė valtis
bicicletă
motociklas
autovehicul
mašina

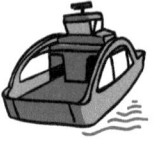

feribot

keltas

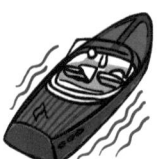

barcă

valtis

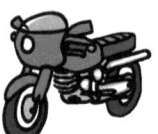

motocicletă

mopedas

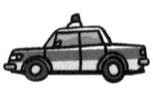

mașină de poliție

policijos automobilis

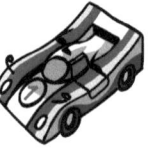

mașină de curse

lenktyninis automobilis

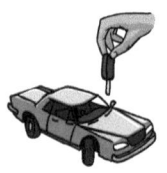

mașină închiriată

nuomojamas automobilis

car sharing

bendras automobilio naudojimas

mașină de tractat

techninės pagalbos automobilis

mașină de gunoi

šiukšliavežė

motor

variklis

combustibil

degalai

benzinărie

degalinė

semn de circulație

kelio ženklas

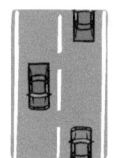

trafic

eismas

ambuteiaj

eismo spūstis

parcare

mašinų stovėjimo aikštelė

garâ

traukinių stotis

șine

bėgiai

tren

traukinys

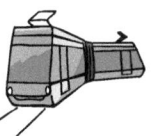

tramvai

tramvajus

vagon

vagonas

elicopter

sraigtasparnis

aeroport

oro uostas

turn

bokštas

pasager

keleivis

container

konteineris

carton

dėžė

căruță

vežimėlis

coș

krepšys

a decola/a ateriza

pakilti / nusileisti

oraș

miestas

sat

kaimas

centru

miesto centras

casă

namas

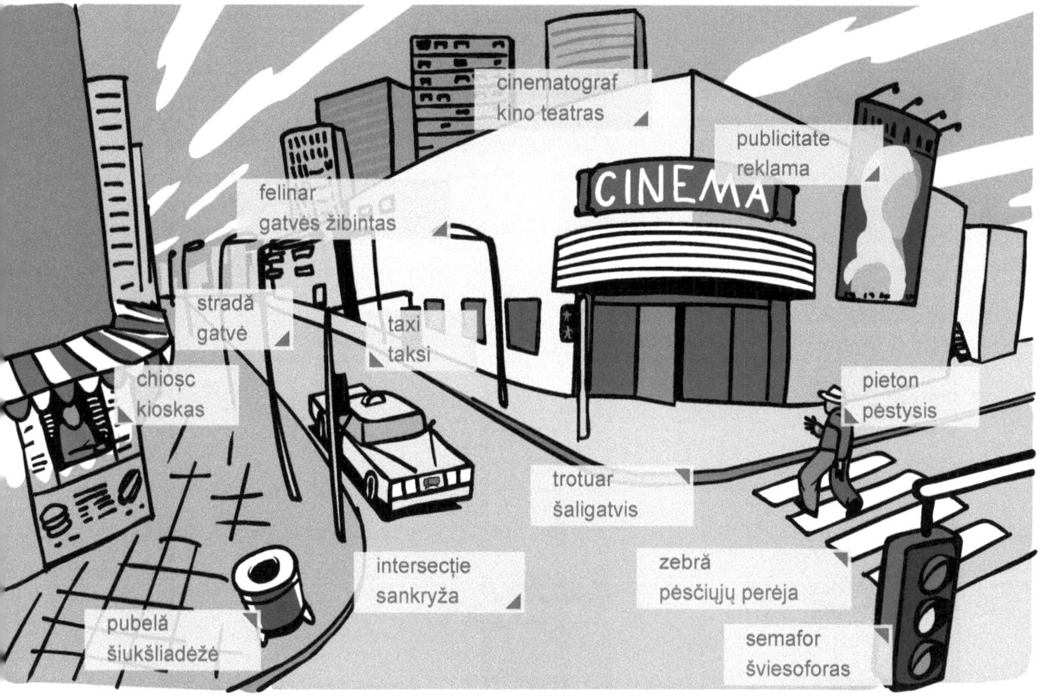
cinematograf
kino teatras
publicitate
reklama
CINEMA
felinar
gatvės žibintas
stradă
gatvė
taxi
taksi
chioșc
kioskas
pieton
pėstysis
trotuar
šaligatvis
intersecție
sankryža
zebră
pėsčiųjų perėja
pubelă
šiukšliadėžė
semafor
šviesoforas

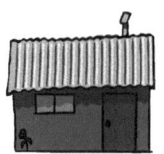

cabană

trobelė

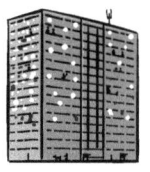

apartament

butas

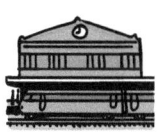

gară

traukinių stotis

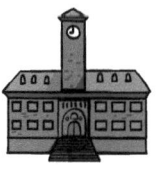

primărie

rotušė

MUSEUM

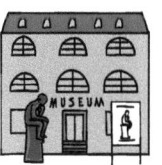

muzeu

muziejus

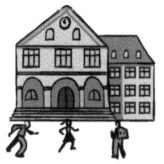

școală

mokykla

universitate

universitetas

bancă

bankas

spital

ligoninė

hotel

viešbutis

farmacie

vaistinė

birou

biuras

librărie

knygynas

magazin

parduotuvė

florărie

gėlių parduotuvė

supermarket

prekybos centras

piață

turgus

magazin universal

universalinė parduotuvė

comerciant de pește

žuvies parduotuvė

centru comercial

prekybos centras

port

uostas

parc

parkas

bancă

suoliukas

pod

tiltas

trepte

laiptai

metrou

metro

tunel

tunelis

stație de autobuz

autobusų stotelė

bar

baras

restaurant

restoranas

cutie poștală

lauko pašto dėžutė

tăbliță indicatoare cu
numele străzii

kelio ženklas

parcometru

parkomatas

grădină zoologică

zoologijos sodas

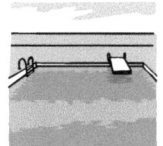

piscină

baseinas

moschee

mečetė

gospodărie ţărănească
ūkininko ūkis

poluare
tarša

cimitir
kapinės

biserică
bažnyčia

loc de joacă
žaidimų aikštelė

templu
šventykla

peisaj
kraštovaizdis

frunză
lapas

indicator
kelio rodyklė

drum
kelias

pajişte
pieva

piatră
akmuo

copac
medis

drumeţ
ėjikas

râu
upė

iarbă
žolė

floare
gėlė

vale
slėnis

deal
kalva

lac
ežeras

pădure
miškas

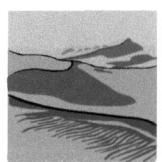

deșert
dykuma

vulcan
ugnikalnis

castel
pilis

curcubeu
vaivorykštė

ciupercă
grybas

palmier
palmė

țânțar
uodas

muscă
musė

furnică
skruzdėlė

albină
bitė

păianjen
voras

gândac

vabalas

broască

varlė

veveriță

voverė

arici

ežys

iepure

kiškis

bufniță

pelėda

pasăre

paukštis

lebădă

gulbė

porc mistreț

šernas

cerb

elnias

elan

briedis

dig

užtvanka

turbină eoliană

vėjo jėgainė

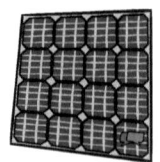

panou solar

saulės baterija

climă

klimatas

chelnăr
padavėjas

meniu
meniu

scaun
kėdė

supă
sriuba

pizza
pica

tacâmuri
stalo įrankiai

față de masă
staltiesė

antreu
užkandis

fel principal
pagrindinis patiekalas

desert
desertas

băuturi
gėrimai

mâncare
maistas

sticlă
butelis

fastfood

greitai pateikiamas maistas

streetfood

gatvės maistas

ceainic

arbatinukas

zaharniță

cukrinė

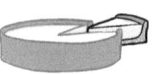

porție

porcija

espressor

espreso aparatas

scaun înalt (pentru copii)

aukšta kėdė

factură

sąskaita

tavă

padėklas

cuțit

peilis

furculiță

šakutė

lingură

šaukštas

linguriță

arbatinis šaukštelis

șervețel

servetėlė

pahar

stiklinė

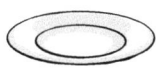

farfurie

lėkštė

farfurie de supă

sriubos lėkštė

farfurie

padėklas

sos

padažas

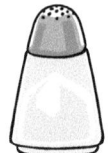

solniță

druskinė

râșniță de piper

pipirų malūnėlis

oțet

actas

ulei

aliejus

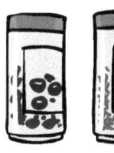

condimente

prieskoniai

ketchup

kečupas

muștar

garstyčios

maioneză

majonezas

supermarket

prekybos centras

ofertă
specialus pasiūlymas
FOR
client
pirkėjas
produse lactate
pieno produktai
fructe
vaisiai
cărucior de cumpărături
troleibusas

BUTCHERS

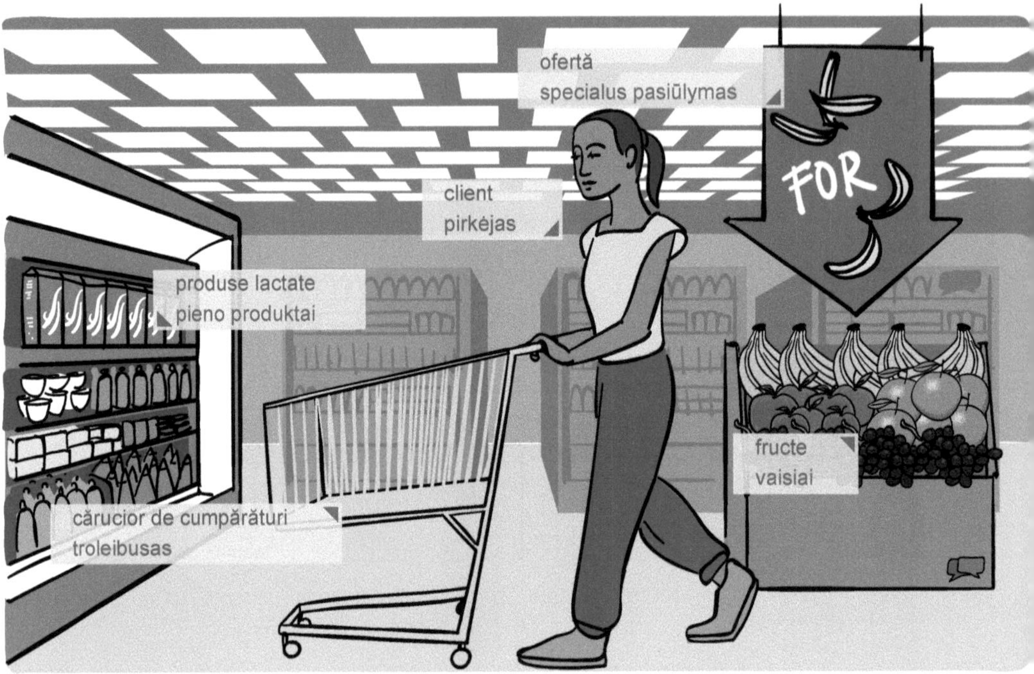

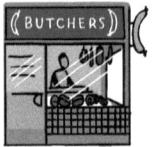

măcelărie

mėsos parduotuvė

BAKERY

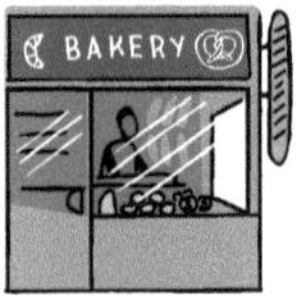

brutărie

kepykla

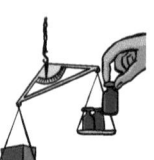

a cântări

sverti

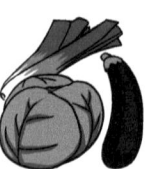

legume

daržovės

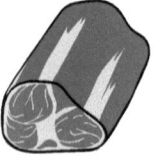

carne

mėsa

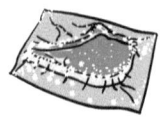

alimente refrigerate

šaldytas maistas

mezeluri și brânzeturi feliate

....

šalti mėsos užkandžiai

conserve

....

konservai

detergent

....

skalbimo milteliai

dulciuri

....

saldumynai

articole de menaj

....

ūkinės prekės

produse de curățenie

....

valymo priemonės

vânzătoare

....

pardavėja

casă

....

kasos aparatas

casier

....

kasininkas

listă dc cumpărături

....

pirkinių sąrašas

orar

....

darbo valandos

portmoneu

....

piniginė

carte de credit

....

kreditinė kortelė

geantă

....

maišelis

pungă de plastic

....

plastikinis maišelis

apă
vanduo

suc
sultys

lapte
pienas

cola
kola

vin
vynas

bere
alus

alcool
alkoholis

cacao
kakava

ceai
arbata

cafea
kava

espresso
espresas

cappucino
kapučinas

banane

bananas

măr

obuolys

portocală

apelsinas

pepene

arbūzas

lămâie

citrina

morcov

morka

usturoi

česnakas

bambus

bambukas

ceapă

svogūnas

ciupercă

grybas

nuci

riešutai

paste făinoase

makaronai

spagheti

spagečiai

orez

ryžiai

salată

salotos

cartofi prăjiți

traškučiai

cartofi țărănești

keptos bulvės

pizza

pica

hamburger

mėsainis

sandwich

sumuštinis

șnițel

pjausnys

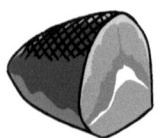

șuncă

kumpis

salam

saliamis

cârnați

dešrelė

pui

vištiena

friptură

kepsnys

pește

žuvis

fulgi de ovăz

avižų dribsniai

musli

dribsniai su priedais

cereale

kukurūzų dribsniai

făină

miltai

corn

prancūziškasis ragelis

chifle

bandelė

pâine

duona

pâine prăjită

skrebutis

biscuiți

sausainiai

unt

sviestas

brânză de vaci

varškė

prăjitură

tortas

ou

kiaušinis

ouă ochiuri

kiaušinienė

brânză

sūris

înghețată

ledai

zahăr

cukrus

miere

medus

marmeladă

uogienė

cremă nuga

tepamas šokoladas

curry

karis

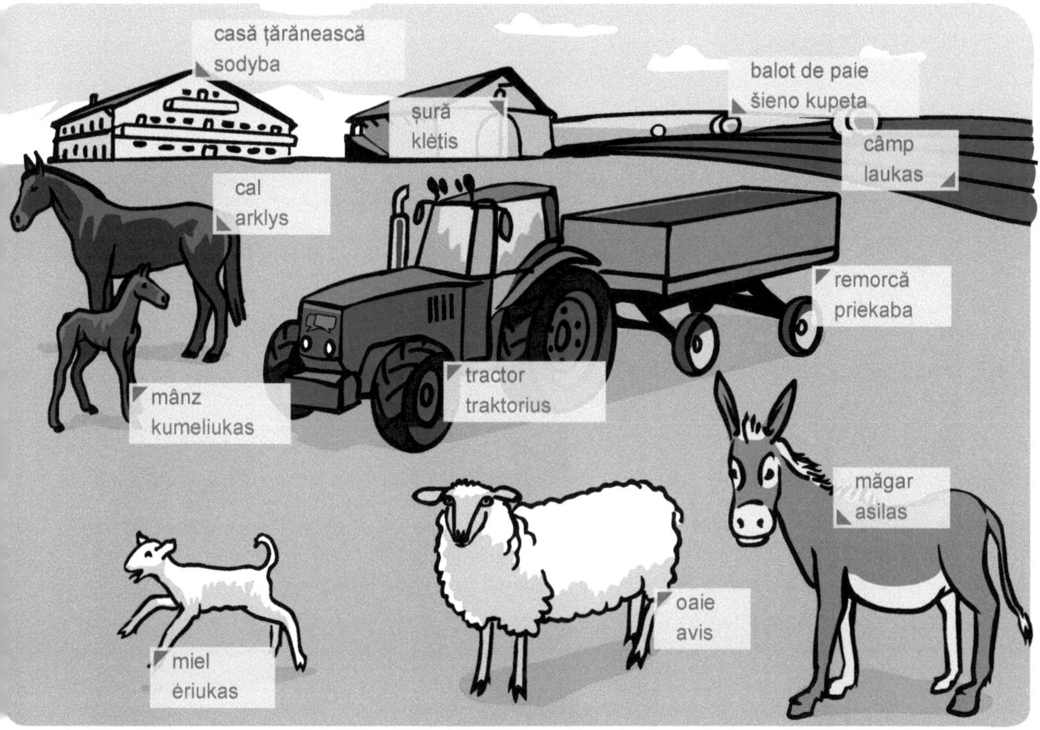

casă țărănească
sodyba

balot de paie
șieno kupeta

câmp
laukas

șură
klėtis

cal
arklys

remorcă
priekaba

mânz
kumeliukas

tractor
traktorius

măgar
asilas

miel
ėriukas

oaie
avis

caprā

ožys

vacā

karvė

vițel

veršis

porc

kiaulė

purcel

paršelis

taur

bulius

găină
žąsis

rață
antis

pui
viščiukas

găină
višta

cocoș
gaidys

șobolan
žiurkė

pisică
katė

șoarece
pelė

bou
jautis

câine
šuo

cușcă
šuns būda

furtun de grădină
sodo namas

stropitoare
laistytuvas

coasă
dalgis

plug
plūgas

seceră

pjautuvas

sapă

kauptukas

furcă

šakės

secure

kirvis

roabă

statinė

troacă

lovys

cană pentru lapte

bidonas

sac

maišas

gard

tvora

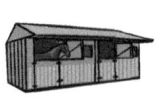

grajd

arklidė

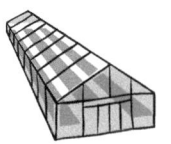

seră

šiltnamis

sol

dirva

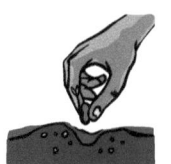

sămânță

sėkla

fertilizator

trąšos

combină de treierat

kombainas

a culege

rinkti

recoltă

derlius

cartof yam

saldžiosios bulvės

grâu

kviečiai

soia

soja

cartof

bulvė

porumb

kukurūzai

rapiță

rapsai

pom fructifer

vaismedis

manioc

manijokas

cereale

grūdai

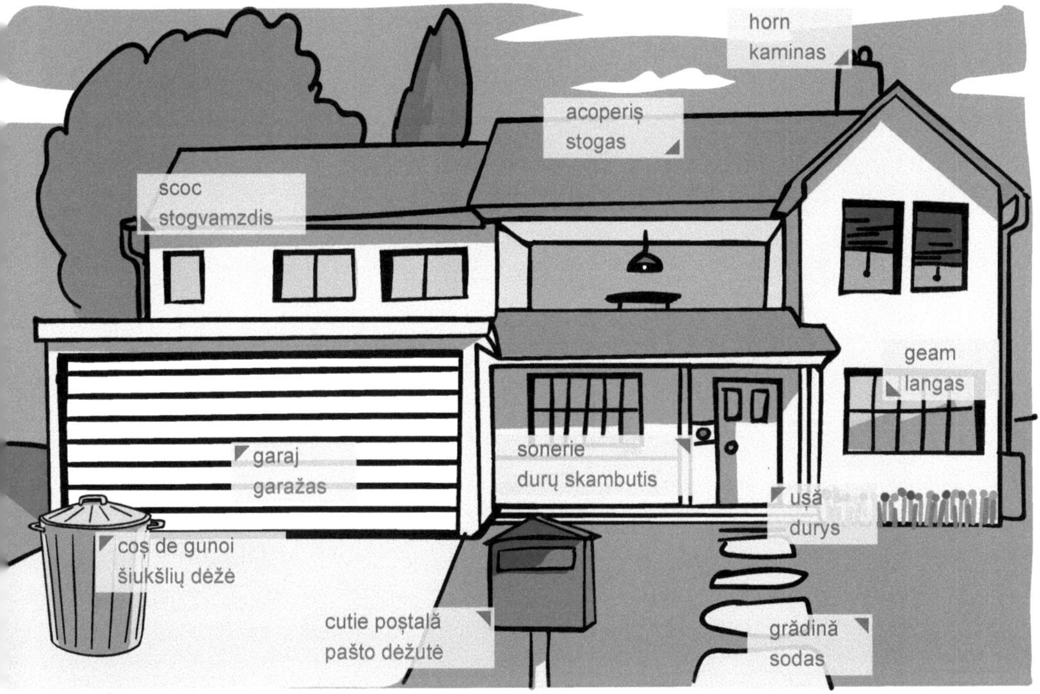

horn
kaminas

acoperiș
stogas

scoc
stogvamzdis

geam
langas

garaj
garažas

sonerie
durų skambutis

ușă
durys

coș de gunoi
šiukšlių dėžė

cutie poștală
pašto dėžutė

grădină
sodas

camerá de zi
svetainė

baie
vonios kambarys

bucătărie
virtuvė

dormitor
miegamasis

camera copiilor
vaiko kambarys

sufragerie
valgomasis

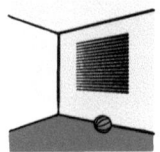

podea
grindys

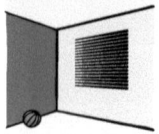

perete
siena

tavan
lubos

pivniță
rūsys

saună
sauna

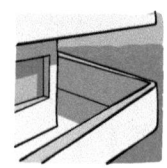

balcon
balkonas

terasă
terasa

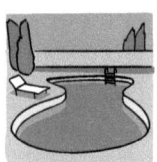

piscină
baseinas

mașină de tuns iarba
žoliapjovė

cearșaf
paklodė

cuvertură
lovatiesė

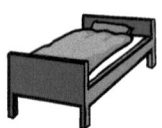

pat
lova

mătură
šluota

găleată
kibiras

întrerupător
jungiklis

camerӑ de zi
svetainė

tapet
tapetai
pictură
nuotrauka
lampă
šviestuvas
raft
lentyna
dulap
spintelė
televizor
televizorius
șemineu
židinys
floare
gėlė
pernă
pagalvėlė
sofa
sofa
vază
vaza
telecomandă
nuotolinio valdymo pultelis

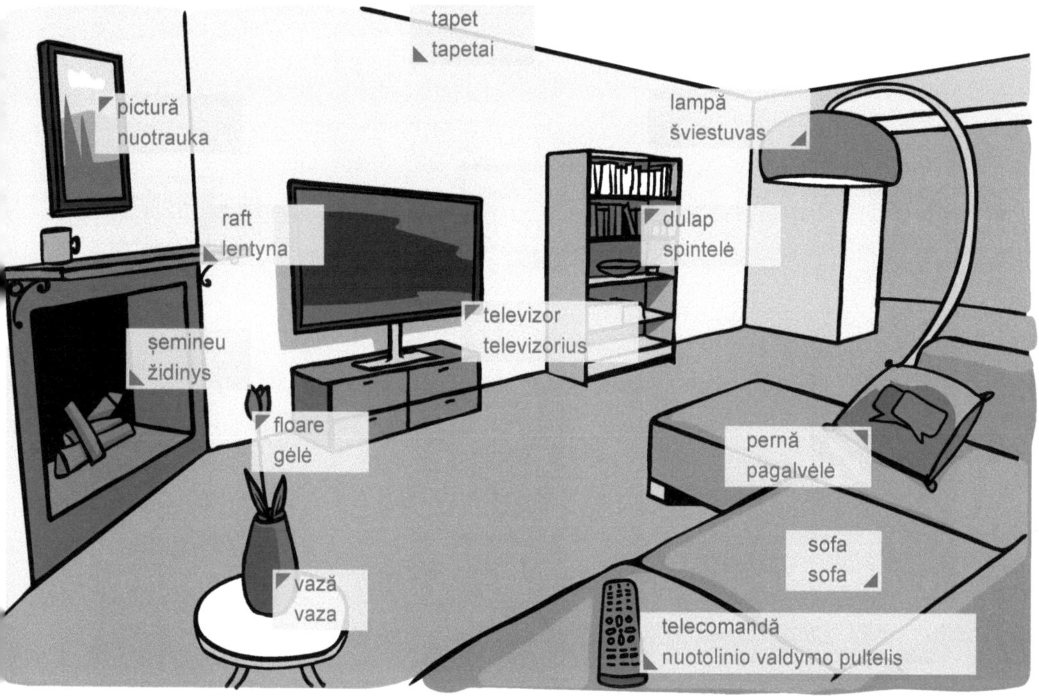

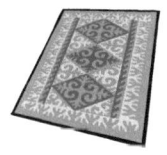

covor
kilimas

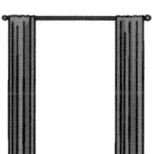

perdea
užuolaida

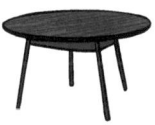

masă
stalas

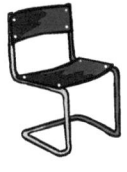

scaun
kėdė

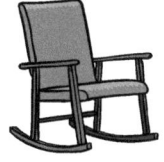

balansoar
supamasis krėslas

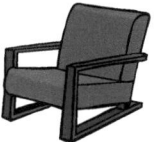

fotoliu
fotelis

carte

knyga

pătură

antklodė

decoraţiune

papuošimai

lemn de foc

malkos

film

filmas

instalaţie stereo

stereo aparatūra

cheie

raktas

ziar

laikraštis

desen

paveikslas

poster

plakatas

radio

radijas

caiet de notiţe

užrašų knygelė

aspirator

dulkių siurblys

cactus

kaktusas

lumânare

žvakė

bucătărie
virtuvė

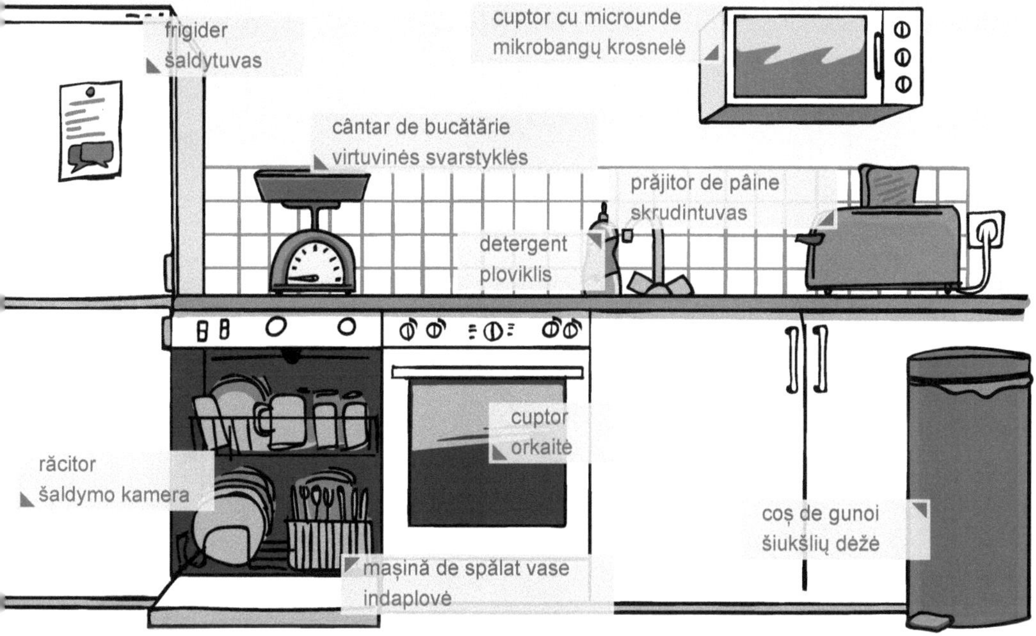

frigider
šaldytuvas
cuptor cu microunde
mikrobangų krosnelė
cântar de bucătărie
virtuvinės svarstyklės
prăjitor de pâine
skrudintuvas
detergent
ploviklis
cuptor
orkaitė
răcitor
šaldymo kamera
coș de gunoi
šiukšlių dėžė
mașină de spălat vase
indaplovė

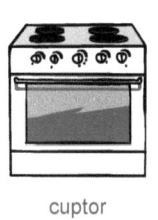

cuptor

viryklė

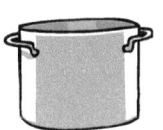

oală

puodas

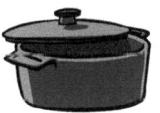

oală de metal

ketaus puodas

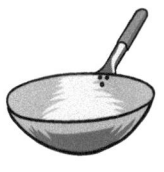

wok/kadai

„wok“ keptuvė

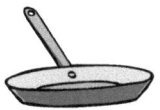

tigaie

keptuvė

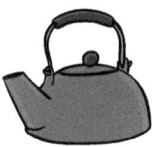

ceainic

virdulys

oală de gătit cu aburi

garų puodas

tavă de copt

kepimo skarda

veselă

porceliano indai

pahar

puodelis

bol

dubuo

bețișoare

valgomosios lazdelės

polonic

samtis

spatulă

mentelė

tel

plaktuvas

sită

koštuvas

sită

sietas

răzătoare

trintuvė

mojar

grūstuvė

grătar

kepsninė

loc pentru grătar

atvira liepsna

tocător
pjaustymo lentelė

sucitor
kočėlas

tirbușon
kamščiatraukis

conservă
skardinė

deschizător de conserve
skardinių atidarytuvas

șervete termice
puodkėlė

chiuvetă
kriauklė

perie
šepetys

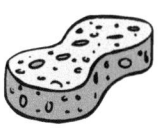

burete
kempinė

mixer
trintuvas

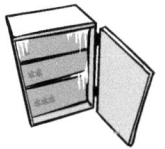

ladă frigorifică
šaldiklis

blberon
kūdikių buteliukas

robinet
čiaupas

bucătărie - virtuvė

baie

vonios kambarys

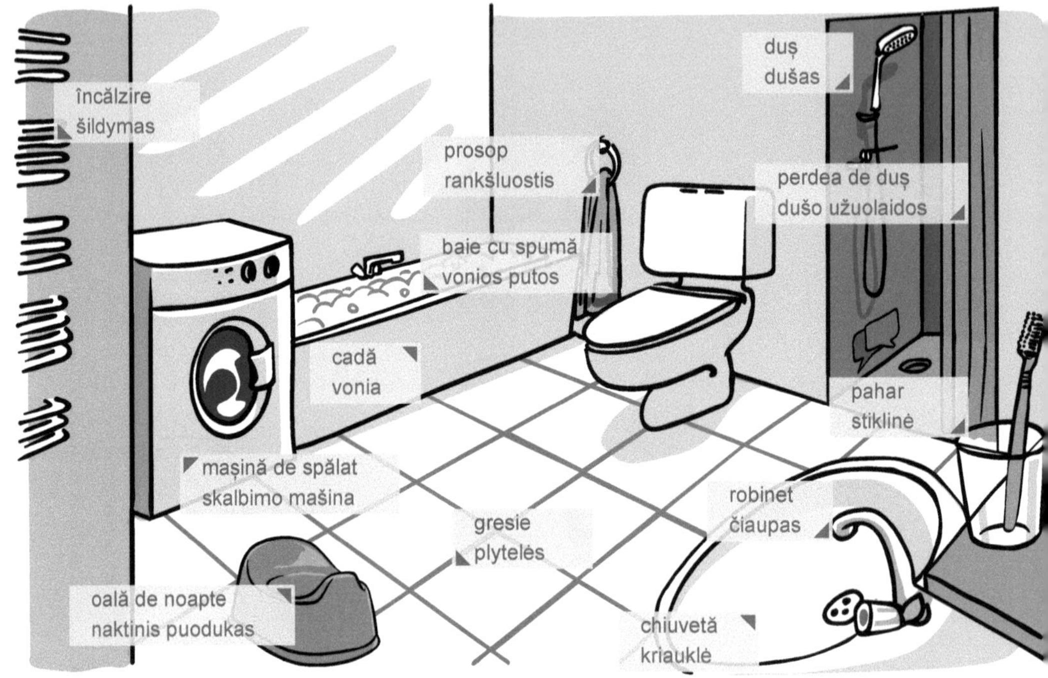

încălzire
šildymas
prosop
rankšluostis
duș
dušas
perdea de duș
dušo užuolaidos
baie cu spumă
vonios putos
cadă
vonia
pahar
stiklinė
mașină de spălat
skalbimo mašina
robinet
čiaupas
gresie
plytelės
oală de noapte
naktinis puodukas
chiuvetă
kriauklė

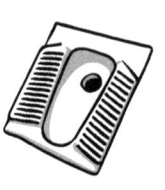

toaletă
unitazas

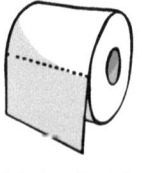

toaletă turcescă
tupimasis unitazas

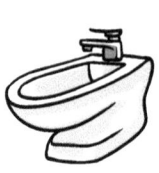

bideu
bidė

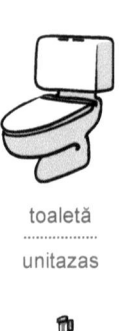

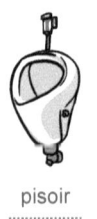

pisoir
pisuaras

hârtie igienică
tualetinis popierius

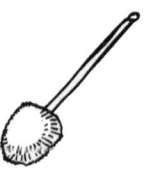

perie de toaletă
unitazo šepetys

periuță de dinți

dantų šepetėlis

pastă de dinți

dantų pasta

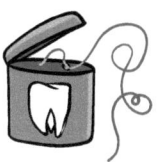

ață dentară

dantų siūlas

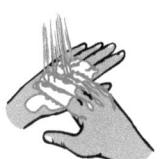

a spăla

plauti

cap de duș

dušo galvutė

duș intim

higieninis dušas

lavoar

praustuvas

perie pentru spate

nugaros plaušinė

săpun

muilas

gel de duș

dušo želė

șampon

šampūnas

cârpă de spălat

plaušinė

scurgere

kanalizacija

cremă

kremas

deodorant

dezodorantas

oglindă

veidrodis

oglindă cosmetică

veidrodėlis

aparat de ras

skustuvas

spumă de ras

skutimosi putos

aftershave

losjonas po skutimosi

pieptene

šukos

perie

šepetys

uscător de păr

plaukų džiovintuvas

fixator

plaukų lakas

machiaj

makiažas

ruj

lūpdažis

lac de unghii

nagų lakas

vată

vata

foarfece de unghii

žirklutės nagams

parfum

kvepalai

neseser

maišelis skalbiniams

taburet

taburetė

cântar

svarstyklės

halat de baie

chalatas

mănuși de cauciuc

guminės pirštinės

tampon

tamponas

tampon

higieninis įklotas

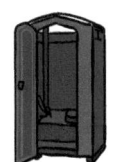

toaletă chimică

biotualetas

camera copiilor
vaiko kambarys

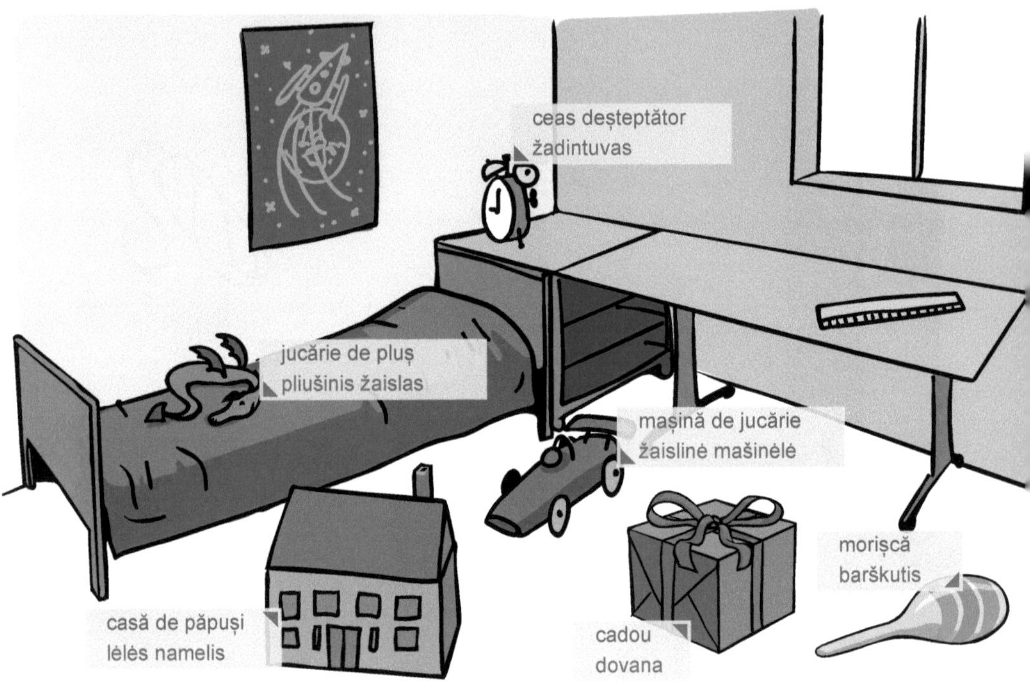
ceas deșteptător
žadintuvas
jucărie de pluș
pliušinis žaislas
mașină de jucărie
žaislinė mašinėlė
morișcă
barškutis
casă de păpuși
lėlės namelis
cadou
dovana

balon

balionas

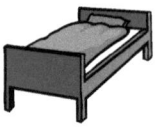

pat

lova

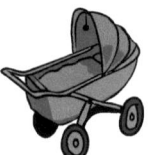

cărucior de copii

vaikiškas vežimėlis

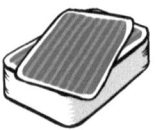

joc de cărți

kortų malka

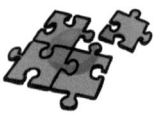

puzzle

delionė

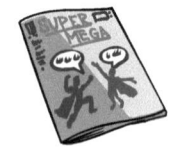

revistă de benzi desenate

komiksai

cuburi lego

lego kaladėlės

piese pentru construcţii

žaislinės kaladėlės

personaj din filmele de acţiune

figūrėlė

body

šliaužtinukai

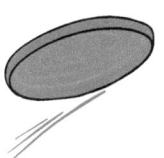

frisbee

mėtymo lėkštė

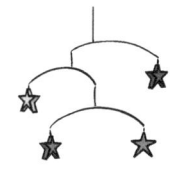

mobil

karuselė

joc de societate

stalo žaidimas

zar

kauliukai

set trenuleţ de jucărie

žaislinis traukinys

suzetă

žindukas

petrecere

vakarėlis

carte cu poze

paveiksliukų knygelė

minge

kamuolys

păpușă

lėlė

a se juca

žaisti

groapă de nisip

smėlio dėžė

leagăn

sūpynės

jucării

žaislai

consolă video

žaidimų konsolė

tricicletă

triratukas

ursuleț

meškiukas

dulap

drabužių spinta

îmbrăcăminte
drabužis

șosete

kojinės

ciorapi

kojinės virš kelių

dres

pėdkelnės

şal
şalikas

umbrelă
skėtis

tricou
marškinėliai

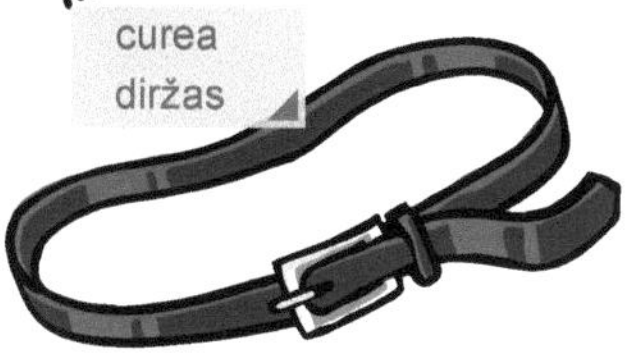

curea
diržas

cizme
ilgaauliai batai

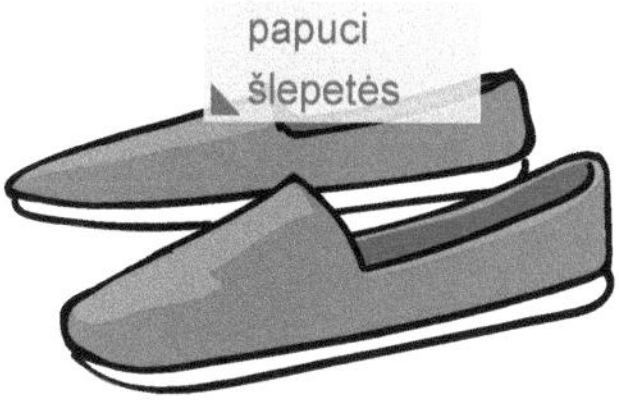

papuci
šlepetės

pantofi sport
sportbačiai

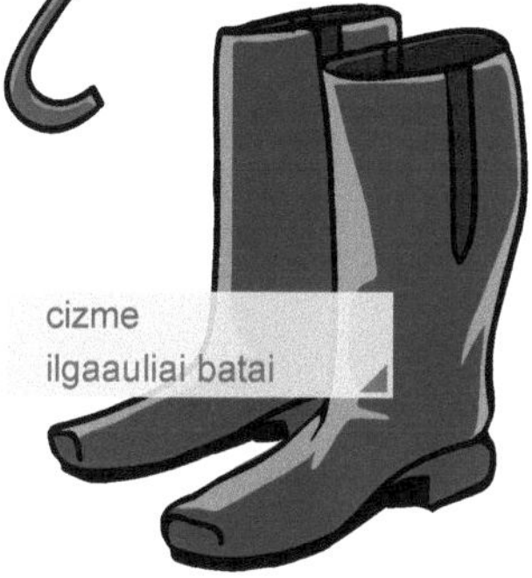

sandale
....
sandalai

încălţăminte
....
batai

cizme de cauciuc
....
guminiai batai

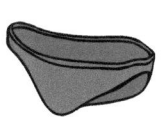
chilot
....
trumpikės

sutien
....
liemenėlė

maiou
....
liemenė

body

glaustinukė

pantaloni

kelnės

blugi

džinsai

fustă

sijonas

bluză

palaidinė

cămașă

marškiniai

pulover

megztinis

jerseu

megztinis su gobtuvu

sacou

švarkelis

jachetă

švarkas

palton

paltas

pelerină de ploaie

lietpaltis

costum

kostiumas

rochie

suknelė

rochie de mireasă

vestuvinė suknelė

costum
kostiumas

cămașă de noapte
naktiniai marškiniai

pijama
pižama

sari
saris

batic
skarelė

turban
tiurbanas

burka
burka

caftan
kaftanas

abaya
abaja

costum de baie
maudymosi kostiumėlis

șort
glaudės

pantaloni scurți
šortai

trening
sportinis kostiumas

șorț
prijuostė

mănuși
pirštinės

nasture

saga

ochelari

akiniai

brăţară

apyrankė

lanţ

vėrinys

inel

žiedas

cercel

auskaras

căciulă

kepurė

umeraş

pakabas

pălărie

skrybėlė

cravată

kaklaraištis

fermoar

užtrauktukas

cască

šalmas

bretele

breketai

uniformă şcolară

mokyklinė uniforma

uniformă

uniforma

bavețică
....
seilinukas

suzetă
....
žindukas

scutec
....
vystyklai

birou
biuras

server
serveris

dulap de acte
dokumentų spinta

imprimantă
spausdintuvas

hârtie
popierius

monitor
vaizduoklis

masă de birou
rašomasis stalas

mouse
pelė

fișier
aplankas

tastatură
klaviatūra

coș de gunoi
šiukšliadėžė

scaun
kėdė

computer
kompiuteris

ceașcă de cafea
....
kavos puodelis

calculator
....
kalkuliatorius

internet
....
internetas

laptop

nešiojamasis kompiuteris

scrisoare

laiškas

mesaj

žinutė

telefon mobil

mobilusis telefonas

rețea

tinklas

copiator

fotokopijavimo aparatas

software

programinė įranga

telefon

telefonas

priză

kištukinis lizdas

fax

faksas

formular

forma

document

dokumentas

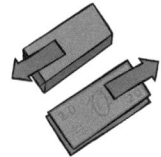

a cumpăra

pirkti

a plăti

mokėti

a face comerţ

prekiauti

bani

pinigai

Dolar

doleris

Euro

euras

Yen

jena

Rublă

rublis

Franc Elveţian

Šveicarijos frankas

renminbi yuan

juanis

Rupie

rupija

bancomat

bankomatas

casă de schimb valutar

valiutos keitykla

aur

auksas

argint

sidabras

petrol

nafta

energie

energija

preț

kaina

contract

sutartis

impozit

mokestis

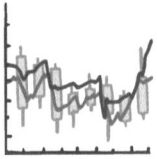

acțiune

akcijos

a munci

dirbti

angajat

darbuotojas

angajator

darbdavys

fabrică

gamykla

magazin

parduotuvė

polițist
policininkas

pompier
ugniagesys

bucătar
virėjas

medic
gydytojas

pilot
lakūnas

grădinar
....
sodininkas

tâmplar
....
stalius

cusătoreasă
....
siuvėja

judecător
....
teisėjas

chimist
....
chemikas

actor
....
aktorius

șofer de autobuz

autobuso vairuotojas

șofer de taxi

taksi vairuotojas

pescar

žvejys

femeie de serviciu

valytoja

tinichigiu

stogdengys

chelnăr

padavėjas

vânător

medžiotojas

pictor

dailininkas

brutar

kepėjas

electrician

elektrikas

muncitor în construcții

statybininkas

inginer

inžinierius

măcelar

mėsininkas

instalator

santechnikas

poștaș

paštininkas

soldat

kareivis

arhitect

architektas

casier

kasininkas

florar

gėlininkas

frizer

kirpėjas

controlor

konduktorius

mecanic

mechanikas

căpitan

kapitonas

stomatolog

odontologas

om de știință

mokslininkas

rabin

rabinas

imam

imamas

călugăr

vienuolis

preot

kunigas

instrumente
įrankiai

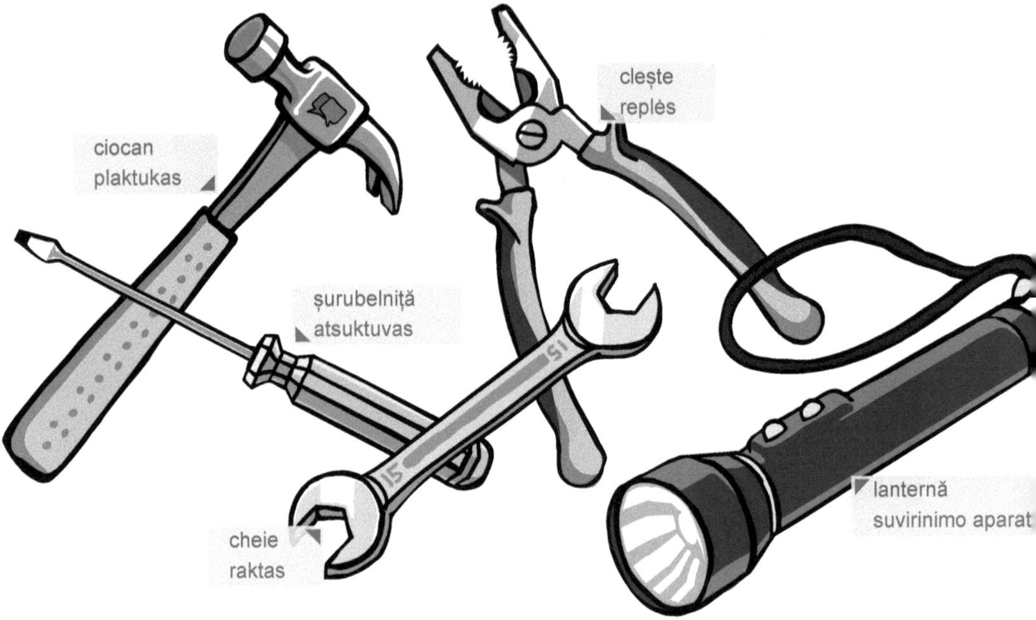
ciocan
plaktukas
clește
replės
șurubelniță
atsuktuvas
cheie
raktas
lanternă
suvirinimo aparat

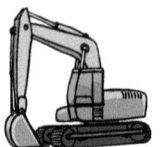

excavator

ekskavatorius

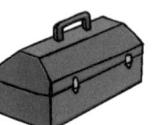

cutie de scule

įrankių dėžė

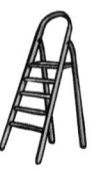

scară

kopėčios

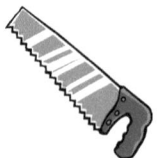

ferăstrău

pjūklas

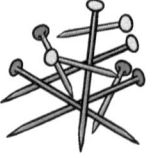

cuie

vinys

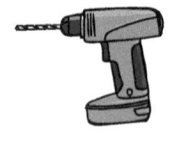

burghiu

grąžtas

a repara

taisyti

lopată

kastuvas

La naiba!

Velniava!

făraș

semtuvėlis

vas pentru vopsea

dažų skardinė

șuruburi

varžtai

instrumente muzicale
muzikos instrumentai

set tobe
būgnų rinkinys

difuzor
garsiakalbis

chitară
gitara

contrabas
kontrabosas

trompetă
trimitas

pian

pianinas

vioară

smuikas

bas

bosinė gitara

trombon

timpanas

tobă

būgnai

keyboard

sintezatorius

saxofon

saksofonas

fluier

fleita

microfon

mikrofonas

grădină zoologică
zoologijos sodas

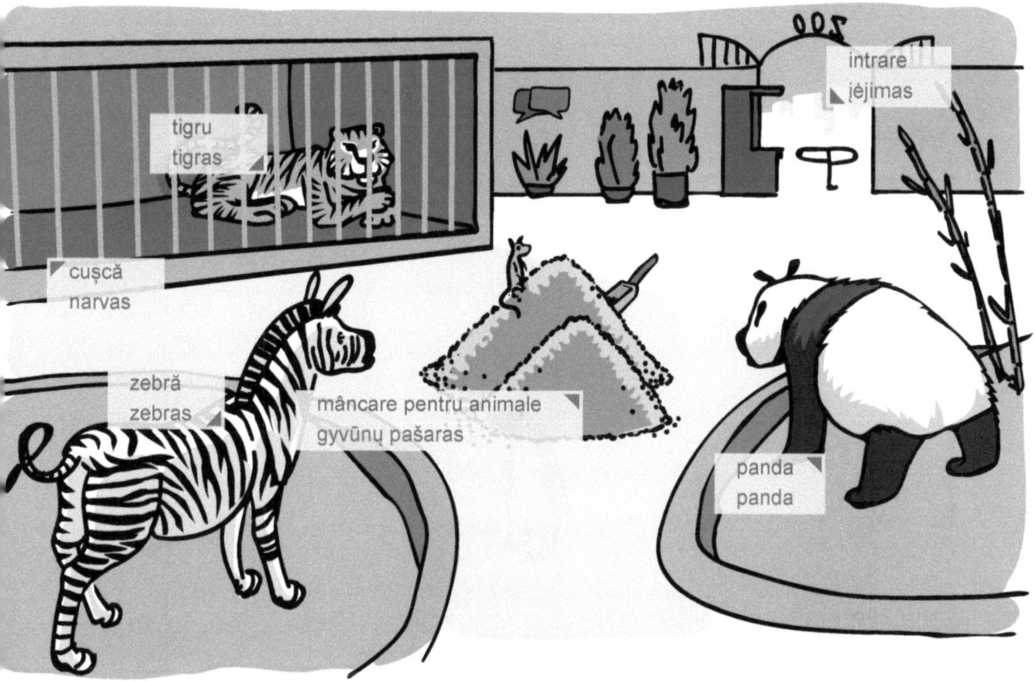

intrare
įėjimas
tigru
tigras
cușcă
narvas
zebră
zebras
mâncare pentru animale
gyvūnų pašaras
panda
panda

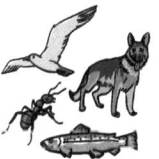

animale

gyvūnai

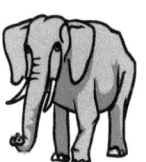

elefant

dramblys

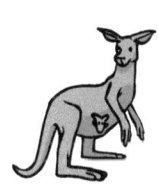

cangur

kengūra

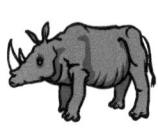

rinocer

raganosis

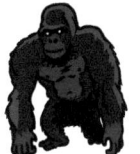

gorilă

gorila

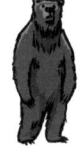

urs

meška

cămilă

kupranugaris

struţ

strutis

leu

liūtas

maimuţă

beždžionė

flamingo

flamingas

papagal

papūga

urs polar

baltoji meška

pinguin

pingvinas

rechin

ryklys

păun

povas

şarpe

gyvatė

crocodil

krokodilas

îngrijitor grădina zoologică

zoologijos sodo prižiūrėtojas

focă

ruonis

jaguar

jaguaras

ponei
ponis

leopard
leopardas

hipopotam
begemotas

girafă
žirafa

acvilă
erelis

porc mistreț
šernas

pește
žuvis

broască țestoasă
vėžlys

morsă
vėplys

vulpe
lapė

gazelă
gazelė

fotbal american
amerikietiškas futbolas

ciclism
dviračių sportas

tenis
tenisas

basketball
krepšinis

înot
plaukimas

box
boksas

hockey pe gheață
ledo ritulys

fotbal
futbolas

badminton
badmintonas

atletism
atletika

handbal
rankinis

schi
slidinėjimas

polo
polas

activități
užsiėmimai

a râde
juoktis
a sări
šokinėti
a îmbrățișa
apkabinti
a merge
vaikščioti
a cânta
dainuoti
a visa
svajoti
a se ruga
melstis
a săruta
bučiuoti

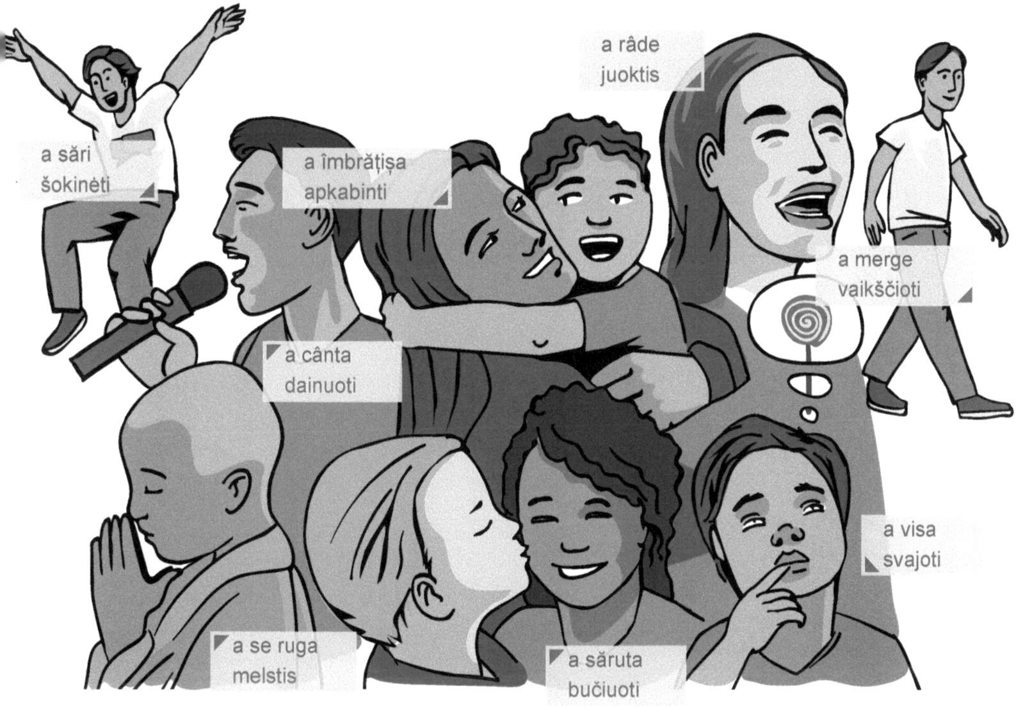

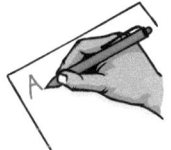

a scrie
rašyti

a desena
piešti

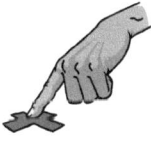

a arăta
rodyti

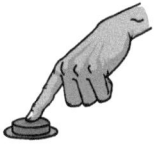

a împinge
stumti

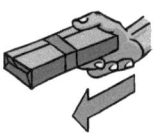

a da
duoti

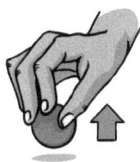

a lua
imti

a avea

turėti

a face

daryti

a fi

būti

a sta în picioare

stovėti

a fugi

bėgti

a trage

traukti

a arunca

mesti

a cădea

kristi

a sta întins

meluoti

a aștepta

laukti

a purta

nešti

a ședea

sėdėti

a se îmbrăca

rengtis

a dormi

miegoti

a se trezi

pabusti

a privi

žiūrėti

a plânge

verkti

a mângâia

glostyti

a se pieptăna

šukuoti

a vorbi

kalbėti

a înțelege

suprasti

a întreba

paklausti

a asculta

klausytis

a bea

gerti

a mânca

valgyti

a face ordine

tvarkytis

a iubi

mylėti

a găti

gaminti

a conduce

vairuoti

a zbura

skristi

a naviga

buriuoti

a calcula

skaičiuoti

a citi

skaityti

a învăța

mokytis

a munci

dirbti

a se căsători

vesti

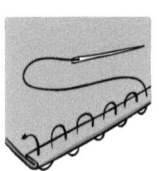

a coase

siūti

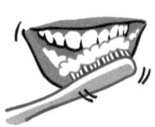

a se spăla pe dinți

valytis dantis

a ucide

žudyti

a fuma

rūkyti

a trimite

siųsti

familie
šeima

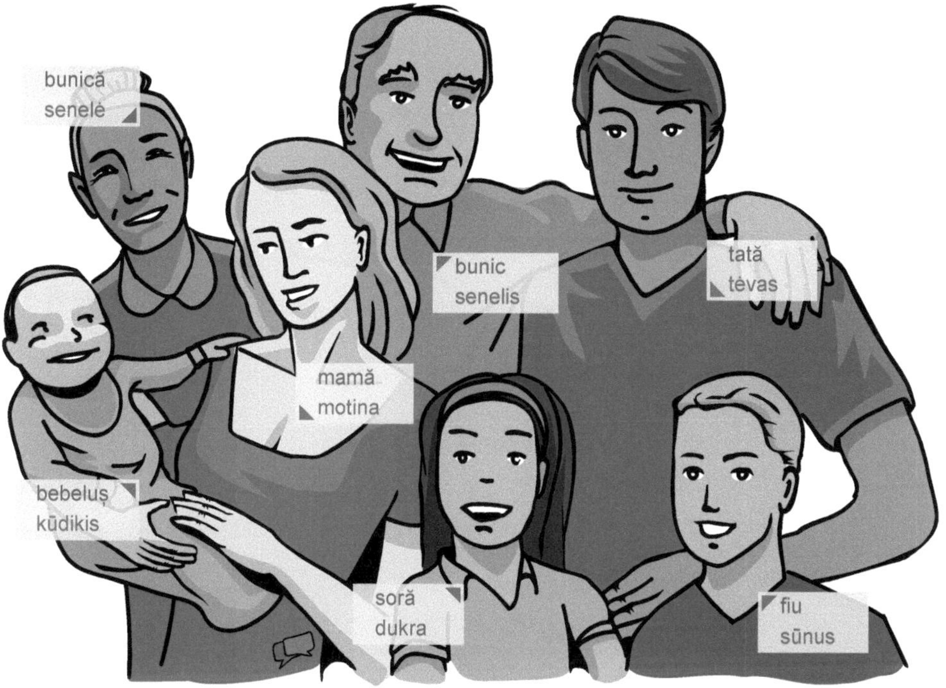

bunică
senelė
bunic
senelis
tată
tėvas
mamă
motina
bebeluș
kūdikis
soră
dukra
fiu
sūnus

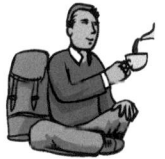

oaspete
svečias

mătușă
teta

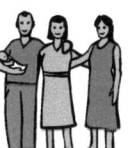

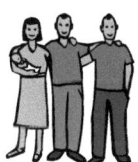

unchi
dėdė

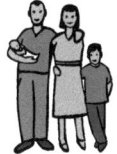

frate
brolis

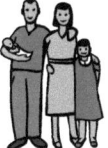

soră
sesuo

corp
kūnas

frunte
kakta
ochi
akis
fața
veidas
bărbie
smakras
piept
krūtinė
deget
pirštas
mână
plaštaka
braț
ranka
umăr
petys
picior
koja

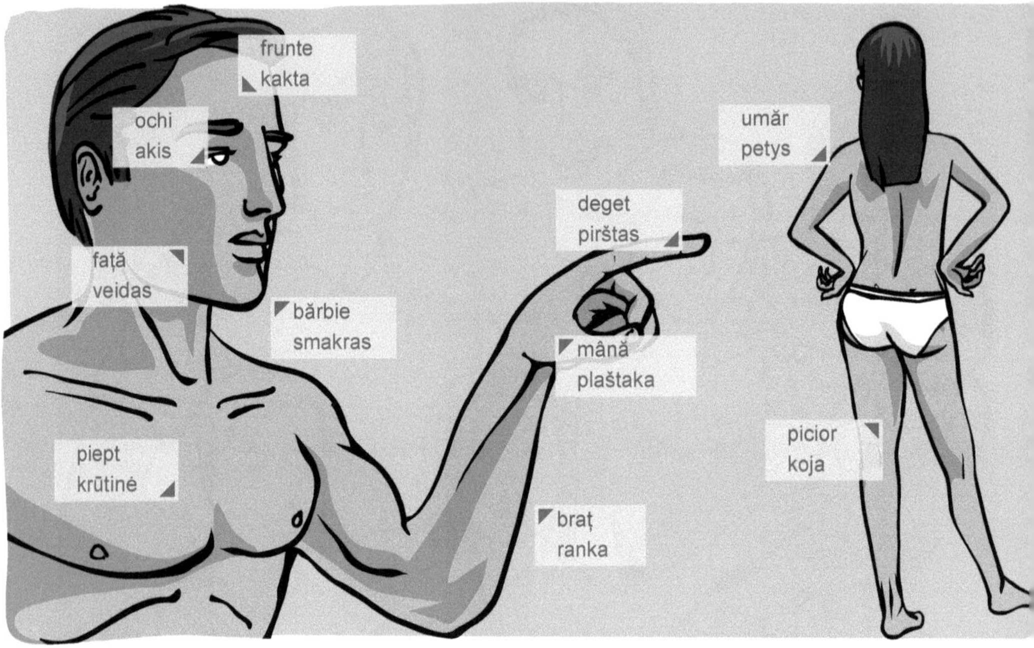

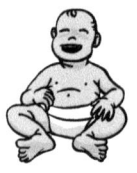

bebeluș

kūdikis

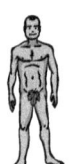

bărbat

vyras

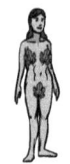

femeie

moteris

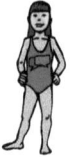

fată

mergaitė

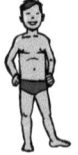

băiat

berniukas

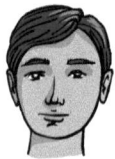

cap

galva

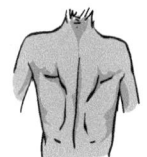

spate

nugara

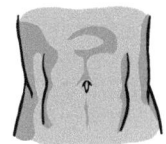

abdomen

pilvas

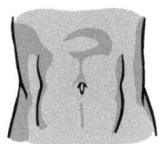

ombilic

bamba

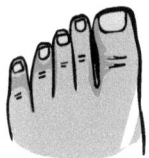

deget de la picior

kojos pirštas

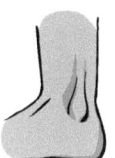

călcâi

kulnas

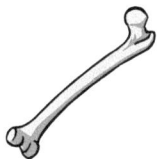

os

kaulas

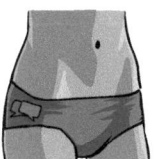

șold

klubas

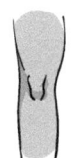

genunchi

kelis

cot

alkūnė

nas

nosis

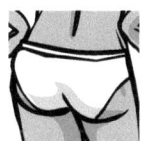

fund

sėdmenys

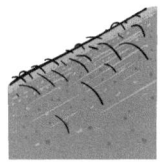

piele

oda

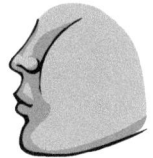

obraz

skruostas

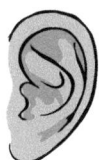

ureche

ausis

buză

lūpa

gură
burna

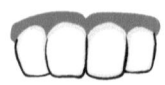

dinte
dantis

limbă
liežuvis

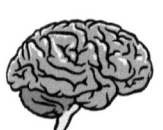

creier
smegenys

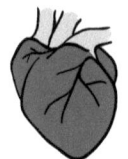

inimă
širdis

mușchi
raumuo

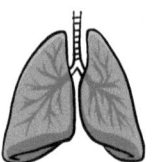

plămân
plaučiai

ficat
kepenys

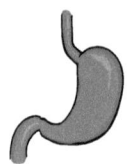

stomac
skrandis

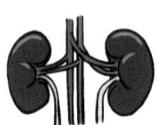

rinichi
inkstai

sex
seksas

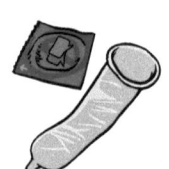

prezervativ
prezervatyvas

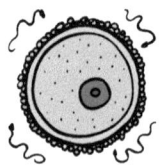

ovul
kiaušialąstė

spermă
sperma

sarcină
nėštumas

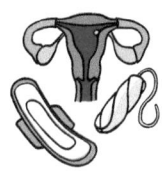

menstruație
menstruacijos

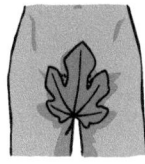

vagin
makštis

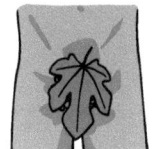

penis
varpa

sprânceană
antakis

păr
plaukai

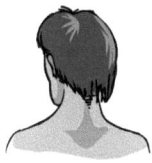

gât
kaklas

spital
ligoninė

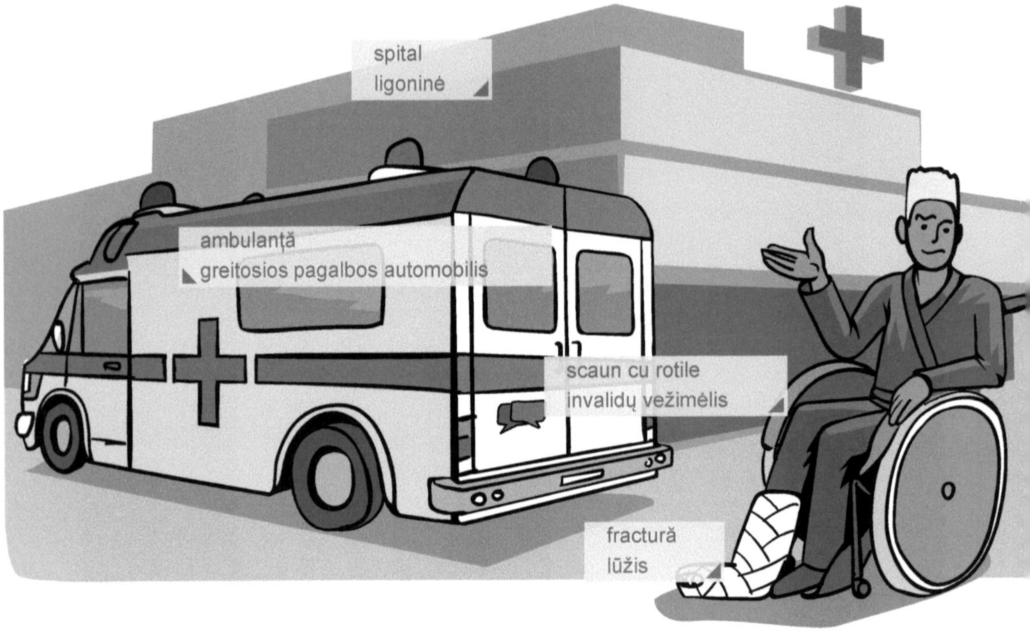

spital
ligoninė
ambulanță
greitosios pagalbos automobilis
scaun cu rotile
invalidų vežimėlis
fractură
lūžis

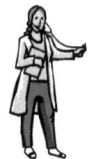

medic

gydytojas

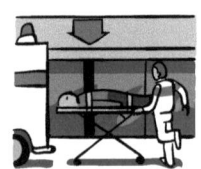

unitate de primiri urgențe

skubios pagalbos skyrius

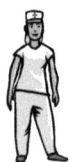

soră medicală

slaugytoja

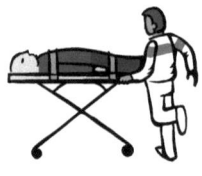

urgență

nelaimingas atsitikimas

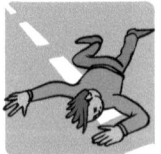

inconștient

be sąmonės

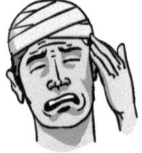

durere

skausmas

leziune
sužalojimas

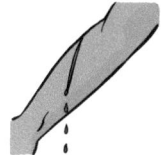

sângerare
kraujavimas

infarct miocardic
širdies smūgis

atac cerebral
insultas

alergie
alergija

tuse
kosulys

febră
karščiavimas

gripă
gripas

diaree
viduriavimas

durere de cap
galvos skausmas

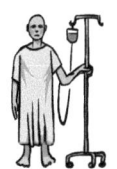

cancer
vėžys

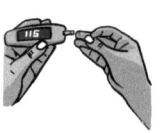

diabet
diabetas

chirurg
chirurgas

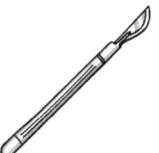

scalpel
skalpelis

operație
operacija

CT
KT

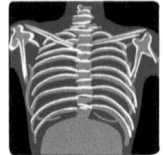

raze Röntgen
rentgenas

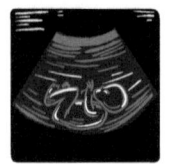

ultrasunet
ultragarsas

mască
veido kaukė

boală
liga

sală de așteptare
laukiamasis

cârjă
ramentas

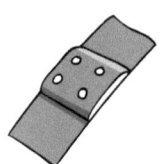

plasture
gipsas

bandaj
tvarstis

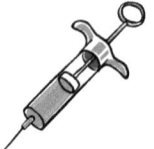

injecție
injekcija

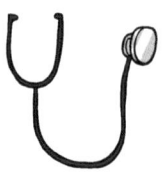

stetoscop
stetoskopas

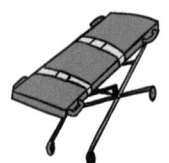

targă
neštuvai

termometru
termometras

naștere
gimimas

supraponderabilitate
antsvoris

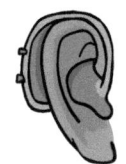

aparat auditiv

klausos aparatas

dezinfectant

dezinfekavimo priemonė

infecție

infekcija

virus

virusas

HIV/SIDA

ŽIV / AIDS

medicină

vaistas

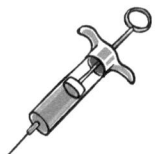

vaccin

skiepijimas

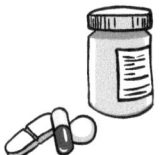

tablete

tabletės

pastilă

piliulė

apel de urgență

skubios pagalbos numeris

aparat de măsurare a presiunii arteriale

kraujospūdžio matuoklis

bolnav/sănătos

ligotas / sveikas

Ajutor!

Padėkite!

alarmă

pavojaus signalas

agresiune

užpuolimas

atac

ataka

pericol

pavojus

ieșire de urgenţă

avarinis išėjimas

Foc!

Gaisras!

extinctor

gesintuvas

accident

nelaimingas atsitikimas

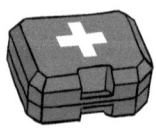

trusă de prim-ajutor

pirmosios pagalbos rinkinys

SOS

SOS

poliţie

policija

Europa

Europa

America de Nord

Šiaurės Amerika

America de Sud

Pietų Amerika

Africa

Afrika

Asia

Azija

Australia

Australija

Altantic

Atlanto vandenynas

Pacific

Ramusis vandenynas

Oceanul Indian

Indijos vandenynas

Oceanul Antarctic

Pietų vandenynas

Oceanul Arctic

Arkties vandenynas

Polul Nord

Šiaurės ašigalis

Polul Sud

Pietų ašigalis

Antarctica

Antarktida

pământ

Žemė

țară

sausuma

mare

jūra

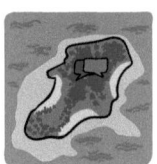

insulă

sala

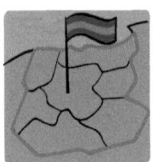

națiune

tauta

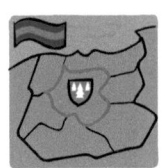

stat

valstybė

cadran

ciferblatas

orar

valandinė rodyklė

minutar

minutinė rodyklė

secundar

sekundinė rodyklė

Cât e ceasul?

Kiek valandų?

zi

diena

timp

laikas

acum

dabar

cead digital

skaitmeninis laikrodis

minut

minutė

oră

valanda

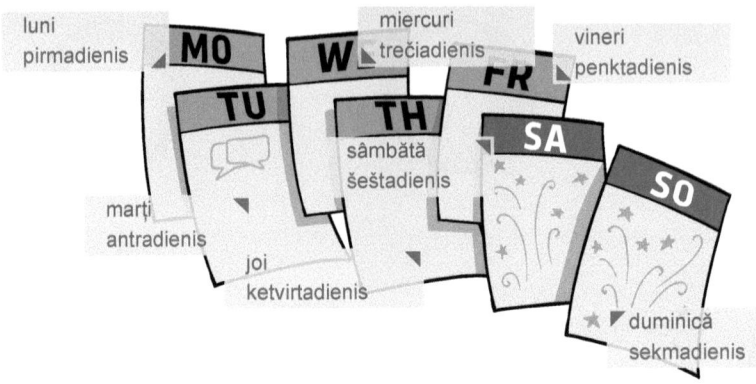

luni — pirmadienis
miercuri — trečiadienis
vineri — penktadienis
marți — antradienis
sâmbătă — šeštadienis
joi — ketvirtadienis
duminică — sekmadienis

ieri
vakar

azi
šiandien

mâine
rytoj

dimineață
rytas

amiază
vidurdienis

seară
vakaras

MO	TU	WE	TH	FR	SA	SU
1	2	3	4	5	6	7
8	9	10	11	12	13	14
15	16	17	18	19	20	21
22	23	24	25	26	27	28
29	30	31	1	2	3	4

zile lucrătoare
darbo dienos

MO	TU	WE	TH	FR	SA	SU
1	2	3	4	5	6	7
8	9	10	11	12	13	14
15	16	17	18	19	20	21
22	23	24	25	26	27	28
29	30	31	1	2	3	4

week-end
savaitgalis

an
metai

ploaie
lietus
curcubeu
vaivorykštė
vânt
vėjas
zăpadă
sniegas
primăvară
pavasaris
vară
vasara
toamnă
ruduo
iarnă
žiema

4.APRIL 11°
5.APRIL 4°
6.APRIL 13°
7.APRIL 8°
8.APRIL 10°

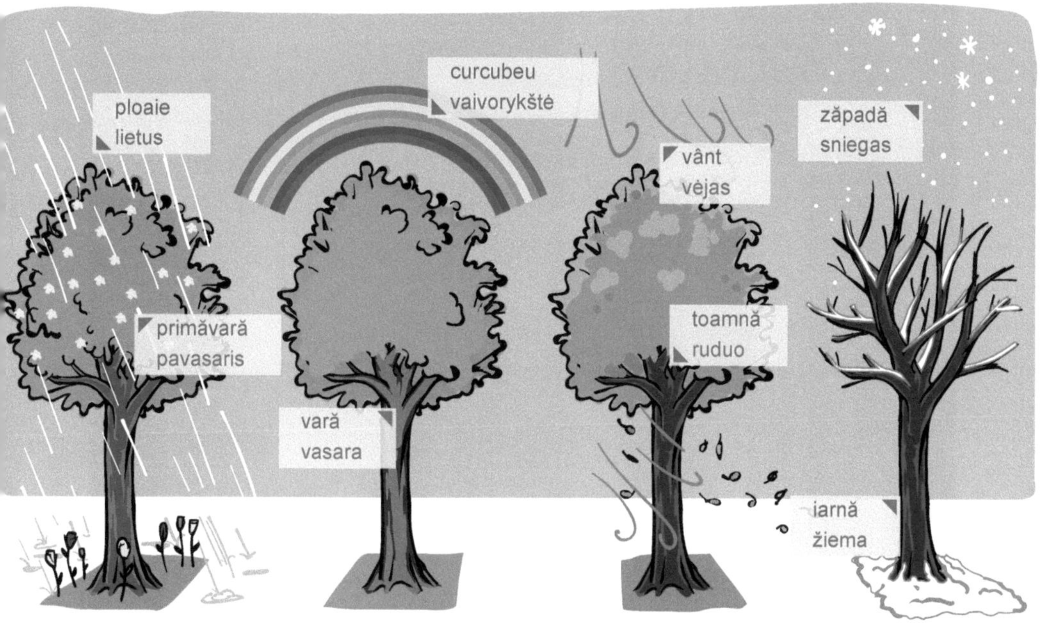

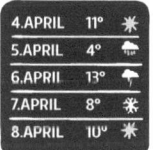

prognoză meteo

orų prognozė

F
C
120
90
60
30
0
-30
40
30
20
10
0
-10
-20

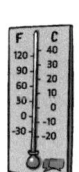

termometru

lauko termometras

lumina soarelui

saulės šviesa

nor

debesis

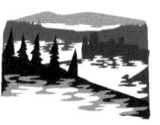

ceață

rūkas

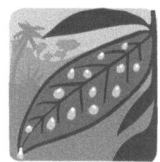

umiditate a aerului

drėgmė

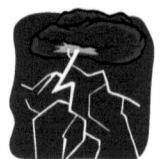

fulger

žaibas

tunet

griaustinis

furtună

audra

grindină

kruša

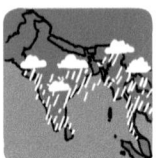

muson

musonas

inundație

potvynis

gheață

ledas

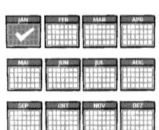

ianuarie

sausis

februarie

vasaris

martie

kovas

aprilie

balandis

mai

gegužė

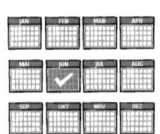

iunie

birželis

iulie

liepa

august

rugpjūtis

septembrie
....
rugsėjis

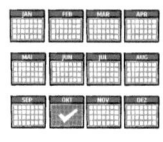

octombrie
....
spalis

noiembrie
....
lapkritis

decembrie
....
gruodis

cerc
....
apskritimas

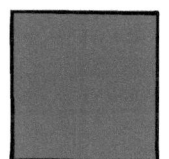

pătrat
....
kvadratas

dreptunghi
....
stačiakampis

triunghi
....
trikampis

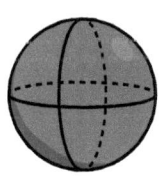

sferă
....
sfera

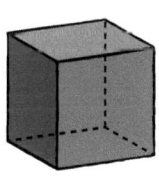

cub
....
kubas

alb

balta

galben

geltona

portocaliu

oranžinė

roz

rožinė

roşu

raudona

violet

violetinė

albastru

mėlyna

verde

žalia

maro

ruda

gri

pilka

negru

juoda

mult/puţin

daug / mažai

furios/calm

piktas / ramus

frumos/urât

gražus / bjaurus

început/sfârşit

pradžia / pabaiga

mare/mic

didelis / mažas

luminos/întunecat

šviesus / tamsus

frate/soră

brolis / sesuo

curat/murdar

švarus / purvinas

complet/incomplet

užbaigtas / neužbaigtas

zi/noapte

diena / naktis

mort/viu

miręs / gyvas

lat/strâmt

platus / siauras

comestibil/necomestibil

valgomas / nevalgomas

rău/prietenos

piktas / malonus

emoţionat/plictisit

linksmas / nuobodus

gras/slab

storas / plonas

primul/ultimul

pirmiausia / paskiausia

prieten/inamic

draugas / priešas

plin/gol

pilnas / tuščias

tare/moale

kietas / minkštas

greu/uşor

sunkus / lengvas

foame/sete

alkis / troškulys

bolnav/sănătos

ligotas / sveikas

ilegal/legal

nelegalus / legalus

inteligent/stupid

protingas / kvailas

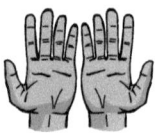

stânga/drepta

kairė / dešinė

aproape/departe

arti / toli

antonime - priešingos reikšmės žodžiai

nou/uzat
....
naujas / naudotas

nimic/ceva
....
niekas / kažkas

bătrân/tânăr
....
senas / jaunas

pornit/oprit
....
įjungta / išjungta

deschis/închis
....
atidaryta / uždaryta

încet/tare
....
tylus / garsus

bogat/sărac
....
turtingas / vargšas

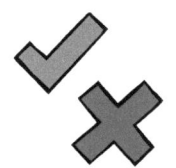

corect/fals
....
teisus / neteisus

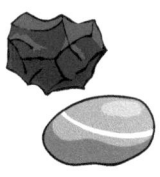

aspru/neted
....
šiurkštus / švelnus

trist/fericit
....
liūdnas / laimingas

lung/scurt
....
trumpas / ilgas

încet/repede
....
lėtas / greitas

ud/uscat
....
drėgnas / sausas

cald/rece
....
šiltas / šaltas

război/pace
....
karas / taika

0

zero

nulis

1

unu

vienas

2

doi

du

3

trei

trys

4

patru

keturi

5

cinci

penki

6

șase

šeši

7

șapte

septyni

8

opt

aštuoni

9

nouă

devyni

10

zece

dešimt

11

unsprezece

vienuolika

12

douăsprezece

dvylika

13

treisprezece

trylika

14

paisprezece

keturiolika

15

cincisprezece

penkiolika

16

șaisprezece

šešiolika

17

șaptesprezece

septyniolika

18

optsprezece

aštuoniolika

19

nouăsprezece

devyniolika

20

douăzeci

dvidešimt

100

o sută

šimtas

1.000

o mie

tūkstantis

1.000.000

un milion

milijonas

engleză
anglų

engleză americană
amerikiečių anglų

chineza mandarină
kinų (mandarinų)

hindi
hindi

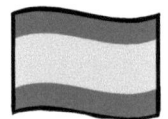

spaniolă
ispanų

franceză
prancūzų

arabă
arabų

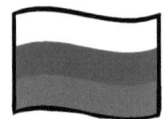

rusă
rusų

protugheză
portugalų

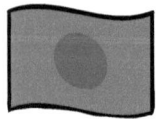

bengaleză
bengalų

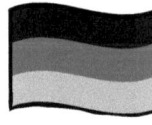

germană
vokiečių

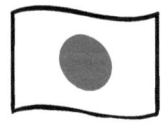

japoneză
japonų

eu

aš

tu

tu

el/ea

jis / ji

noi

mes

voi

jūs

ea

jie

cine?

kas?

ce?

ką?

cum?

kaip?

unde?

kur?

când?

kada?

nume

vardas

în spate

už

în

kur (vieta)

înainte

priešais

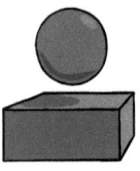

peste

virš

pe

ant

sub

po

lângă

prie

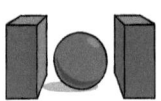

între

tarp

loc

vieta